32

U0874612

供电企业生产技能人员标准化作业培训教材

输电线路停电调整导地线弧垂

福建省电力有限公司 组编

输变电

中国电力出版社
CHINA ELECTRIC POWER PRESS

内 容 提 要

本册书是按照《供电企业生产技能人员标准化作业培训教材》体系的要求，结合生产实际编写而成。本册书根据架空线路停电调整导、地线弧垂作业指导书，介绍停电调整架空线路导、地线弧垂的工作方法、作业流程和安全注意事项，通过流程梳理、危险点分析及操作实例，掌握停电调整导、地线弧垂所需工器具、材料、质量标准、作业中的危险点预控、操作步骤、管理要求等内容。

本册书作者都是长期从事电力生产一线的员工，有较为丰富的现场实际经验，所列举的案例也是实际生产过程中所发生的，具有较强的生产现场指导意义。本册书可作为供电企业输电线路生产技能人员的培训教学用书，也可作为电力职业院校教学参考用书。

图书在版编目（CIP）数据

供电企业生产技能人员标准化作业培训教材. 输变电/福建省电力有限公司组编. —北京：中国电力出版社，2012.12
ISBN 978-7-5123-3810-4

Ⅰ. ①供… Ⅱ. ①福… Ⅲ. ①供电－工业企业管理－标准化管理－中国－技术培训－教材 ②输电－电力系统－技术培训－教材 ③变电所－电力系统－技术培训－教材 Ⅳ. ①F426.61

中国版本图书馆 CIP 数据核字（2012）第 287838 号

中国电力出版社出版、发行
（北京市东城区北京站西街 19 号 100005 http://www.cepp.sgcc.com.cn）
北京九天众诚印刷有限公司印刷
各地新华书店经售

*

2013 年 1 月第一版 2013 年 1 月北京第一次印刷
787 毫米×1092 毫米 16 开本 84 印张 1766 千字
全册定价 **232.00** 元

敬 告 读 者
本书如有印装质量问题，我社发行部负责退换
版 权 专 有 翻 印 必 究

编 委 会

主　　任　张　磊

副 主 任　陈卫中　李功新

成　　员　叶继宏　郑佩祥　黄文英　金昌榕　于建龙

任晓辉　邱兴平　陈大凤　张　荣　洪西卿

姚　亮　林　平　宋福海　连纪文　罗　松

林　宇　林　贇

编 写 组

主　　编　李功新

副 主 编　叶继宏　金昌榕　陈大凤　张　荣

编写组组长　林　平

成　　员　（按姓氏笔画排序）

王全兴　王恒山　叶立群　叶色亮　朱　菁

庄　严　庄沪生　刘志平　严有祥　李　春

李　超　李勇明　李积捷　李萌峰　杨文陵

杨志豪　杨建平　杨毓庆　连鸿松　肖颂勇

吴　达　吴志成　吴奇宝　吴辉煌　吴簪麟

邱振敏　沈明松　沈谢林　张绍明　陈　影

陈艺鑫　陈日坤　陈祥舒　陈朝晖　陈德兴
林　衡　林一泓　林志敏　林志强　林轶群
林海渊　欧世尧　欧永连　罗　松　罗　毅
金建宁　郑哲人　郑雄俊　郑黎斐　赵道阳
施　纬　施广宇　洪西卿　钱志立　翁晓锋
涂恩来　黄　亮　黄国敏　董　磊　傅智为
潘晨曦

前言

preface

为了更好地服务“五大”体系建设，提升生产技能人员良好的“职业化”行为习惯，建立与现场标准化作业生产环境一致的培训课程体系，福建省电力有限公司以现场标准化作业指导书为蓝本，组织开展生产技能标准化作业培训教材的编写工作。为确保教材的编写质量和进度，由总工程师李功新主抓此项工作，多次召集工作协调会，定期听取编写进度汇报；人力资源部负责教材编写的组织工作，运维检修部、科技信通部和调度控制中心负责教材编写的具体工作，福建省电力有限公司和基层单位技术专家组成教材编写与审定小组，公司培训中心负责教材编写框架和编写规范的制订、编写进度跟踪及其他协调工作。

本套教材集中了福建省电力有限公司众多专家学者的智慧，采用了全新的组织架构，突出了基于现场标准化作业的培训特色。本套教材分为配电专业、输变电专业和二次专业三本书，包括91项现场标准化作业项目（子分册），具有很强的针对性和实用性。各项目（子分册）分为两部分：第一部分介绍了各项目的工作流程、工作质量标准与控制、危险点分析与预控、管理与记录要求、作业案例等；第二部分罗列了标准化作业指导书等标准化作业文本，并结合第一部分的作业案例说明了标准化文本的填写规范。部分项目（子分册）还在附录部分对设备等内容进行了说明。

其中，配电专业分为架空线路、配电设备、计量装置及其他设备，由福建省电力有限公司运维检修部高级工程师姚亮担任编写组长，福州电业局、厦门电业局、莆田电业局、泉州电业局、漳州电业局、龙岩电业局、三明电业局、南平电业局、宁德电业局、福清电力公司、石狮电力公司、晋江电力公司、南安电力公司、长乐电力公司等单位的专家参与编写工作。输变电专业分为开关类、线圈类和架空线路及电缆，由福建省电力有限公司运维检修部高级工程师林平担任编写组长，福建省电力科学研究院、检修分公司、福州电业局、厦门电业局、莆田电业局、泉州电业局、漳州电业局、龙岩电业局、三明电业局等单位的专家参与编写工作。二次专业分为继电保护、综合自动化、直流系统和电力通信，由福建省电力有限公司调度控制中心高级工程师宋福海、科技信通部高级工程师连纪文担任编写组长，福建省电力科学研究院、检修分公司、信息通信分公司、福州电业局、厦门电业局、莆田电业局、泉州电业局、龙岩电业局、三明电业局、南平电业局等单位的专家参与编写工作。

本册由厦门电业局严有祥担任编写组长，厦门电业局叶色亮、福州电业局王全兴、泉州电业局吴志成、三明电业局沈明松、李春等编写；福建省电力有限公司运维检修部吴虹主审，福建省电力有限公司运维检修部林力辉、漳州电业局李郭然、福建省电力有限公司检修分公司倪孟华、厦门电业局胡志猛、吴增辉、福建省电力科学研究院李强等参审。

本教材在编写、审定过程中得到了福建省电力有限公司有关单位领导和专家的大力支持和帮助，在此一并感谢。同时，也感谢中国电力出版社的大力支持。

由于编者能力所限及编写时间仓促，难免存在疏漏之处，恳请各位专家和读者提出宝贵意见。

目录

contents

第一部分 标准化作业培训

1 作业描述

根据架空线路停电调整导、地线弧垂作业指导书，介绍停电调整架空线路导、地线弧垂的工作方法、作业流程和安全注意事项，通过流程梳理、危险点分析及操作实例，掌握停电调整导、地线弧垂所需工器具、材料、质量标准、作业中的危险点预控、操作步骤、管理要求等内容。

2 工作流程

停电调整导、地线弧垂的工作流程如图 1-1 所示。

3 工作质量标准与控制

3.1 引用标准

GB 50233—2005 《110～500kV 架空送电线路施工及验收规范》

GB 50545—2010 《110kV～750kV 架空输电线路设计规范》

3.2 质量控制

3.2.1 弧垂观测挡选择

（1）紧线段在 5 挡及以下时靠近中间选择一挡。

（2）紧线段在 6～12 挡时靠近两端各选一挡。

（3）紧线段在 12 挡以上时靠近两端及中间可选 3～4 挡。

（4）观测档宜选挡距较大和悬挂点高差较小及接近代表档距的线挡。

（5）弧垂观测挡的数量可以根据现场条件适当增加，但不得减少。

（6）观测弧垂时的实测温度应能代表导线或架空地线的温度，温度应在观测档内实测。

3.2.2 过牵引长度控制

（1）耐张段长度大于 300m 时过牵引长度不宜超过 200mm。

（2）耐张段长度为 200～300m 时，过牵引长度不宜超过耐张段长度的 0.5%。

（3）耐张段长度为 200m 以内时，过牵引长度应根据导线的安全系数不小于 2 的规定进行控制，变电站进出口挡除外。

（4）大跨越档的过牵引值由设计验算确定。

3.2.3 弧垂尺寸控制

（1）紧线弧垂在挂线后应随即在该观测档检查，导线或架空地线弧垂的允许偏差：110kV 线路为+5%，−2.5%；220kV 及以上线路为±2.5%；跨越通航河流的大跨越档弧垂的允许偏差不应大于±1%，其正偏差不应超过 1m。

（2）导线或架空地线各相间的弧垂应力求一致，当满足上述弧垂允许偏差标准时，各相间弧垂的相对偏差不应超过下列规定：110kV 线路为 200mm，220kV 及以上线路为 300mm；跨越通航河流的大跨越档弧垂的最大允许偏差为 500mm。

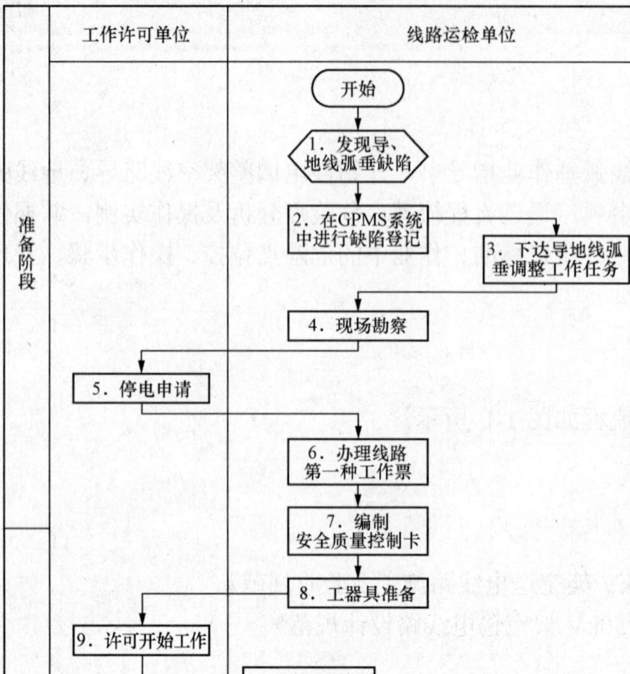

流程描述

流程开始。

1. 运检班组巡视人员在巡视中发现导地线弧垂缺陷（如上下子导线粘连）。

2. 巡视人员在GPMS系统中进行缺陷登记，在班长审核确认后提交给部门专责，发起缺陷处理流程。

3. 部门线路专责根据运检班组所上报的缺陷，给出处理意见，并提交给缺陷处理班组，布置工作任务。

4. 消缺班组对缺陷现场进行勘察确定施工方案。

5. 向调度部门提交停电申请，由调度根据实际情况平衡协调后列入周停电计划。

6. 办理工作票手续。

7. 根据停电调整导地线弧垂的标准作业指导书内容及现场实际编制安全质量控制卡。

8. 运检班组做好消缺前工器具的准备工作。

9. 向调度部门履行工作许可手续，确认线路已停电。

10. 工作负责人组织全体工作人员列队，交待工作任务、安全措施、注意事项，工作班成员明确后，工作负责人发布开始工作的命令。

11. 按照标准作业指导卡所列的操作步骤进行弧垂调整工作。

12. 按照运行中输电线路导线弧垂控制标准及缺陷消除情况对调整后的导线弧垂进行验收，合格则工作结束，不合格则继续处理缺陷。

13. 工作结束后，工作负责人召开班后会，对当天的工作进行总结、分析。

14. 工作结束后，工作负责人向部门相关专责汇报缺陷消除情况。

15. 工作结束后，工作负责人向调度部门履行工作票终结手续。

16. 工作负责人对安全质量控制卡进行评价。

17. 工作负责人在GPMS中完成缺陷处理流程。

流程结束

图 1-1　停电调整导、地线弧垂的工作流程图

（3）相分裂导线同相子导线的弧垂应力求一致，在满足相间弧垂偏差标准时，不安装间隔棒的垂直双分裂导线，其同相子导线间的弧垂允许偏差为+100mm。

4 安全风险分析与预控

4.1 危险点1：误登带电杆塔

事故案例

9月5日，××电业局高压检修管理所带电班在对停电的110kV××线登杆检查时，工作人和监护人走错杆位，登杆前未仔细核对线路名称、杆号，监护人未认真履行监护职责，致使工作人员误登相距约250m的另一条平行带电110kV线路杆塔，触电坠落死亡。

防范措施

（1）同杆塔架设多回线路中部分线路停电的工作中，登杆塔和在杆塔上工作时，每基杆塔都应设专人监护。（《国家电网公司电力安全工作规程（线路部分）》第5.3.5.4条）

（2）作业人员登杆塔前应核对停电检修线路的识别标记和双重名称无误后，方可攀登。登杆塔至横担处时，应再次核对停电线路的识别标记与双重称号，确实无误后方可进入停电线路侧横担。（《国家电网公司电力安全工作规程（线路部分）》第5.3.5.5条）

（3）在杆塔上进行工作时，不准进入带电侧的横担，或在该侧横担上放置任何物件。（《国家电网公司电力安全工作规程（线路部分）》第5.3.6条）

4.2 危险点2：感应电伤害

事故案例

9月5日，××送变电公司安排了技工郑×与学徒工张×二人带四位民工在新架设的500kV××Ⅱ回59号杆塔进行W相导线弧垂微调工作。上午8时左右，张×首先上塔，在铁塔横担处挂滑车、穿吊绳，郑×在塔下，按接地线在上，链条葫芦（带提线器）在下的方法，分别将接地线和葫芦绑扎在一根吊绳上后，随即上塔。上塔后，张×、郑×分别下到导线和绝缘子串上。张×坐在导线上，郑×站在绝缘子串横担往下约第六、七片的位置。郑×把安全带系在横担上后，将保安接地的接地端接在横担挂线板处。当张×把保安接地线拉近，准备接导线端时，随后吊上的葫芦提升链条（链长5.8m）及提线器已碰在导线上。郑×右手抓住横担，左手去抓葫芦链条的瞬间，形成工频感应电放电通道。郑×遭已运行的500kV××Ⅰ回路产生的工频感应电电击坠落，被安全带吊挂在横担下，经抢救无效死亡。

防范措施

（1）个人保安线应在杆塔上接触或接近导线的作业开始前挂接，作业结束脱离导线后拆除。装设时，应先接接地端，后接导线端，且接触良好，连接可靠。拆个人保安线的顺序与此相反。个人保安线由作业人员负责自行装、拆。（《国家电网公司电力安全工作规程（线路部分）》第3.5.2条）

（2）在330kV及以上电压等级的带电线路杆塔上及变电站构架上作业，应采取穿着静电感应防护服、导电鞋等防静电感应措施（220kV线路杆塔上作业时宜穿导电鞋）。（《国家电网公司电力安全工作规程（线路部分）》第5.4.1条）

（3）工作负责人（工作监护人）应认真履行监护职责，及时制止工作人员的违章行为。（《国家电网公司电力安全工作规程（线路部分）》第5.5.2条、第5.5.4条）

（4）工作班成员应熟悉工作内容、工作流程，掌握安全措施，明确工作中的危险点，并自觉遵守《国家电网公司电力安全工作规程》等安全规章制度，认真执行安全规程和实施现场安全措施。（《国家电网公司电力安全工作规程（线路部分）》第 5.5.5 条）

4.3 危险点 3：高空坠落

事故案例

10 月 20 日，××公司对××路进行增加绝缘子工作。××月××日 11 时 10 分，线路二班一组到 13 号铁塔增加绝缘子工作。11 时 55 分，在完成 13 号铁塔增加绝缘子工作后准备拆除紧线器时，由于距离较远，只能骑坐在绝缘子串上作业。施工人员巴×将安全带系在 13 号铁塔 V 相绝缘子串上，正准备作业时，绝缘子 U 型挂环与铁塔挂点处螺栓发生脱落，导致绝缘子串滑脱，致使骑坐在绝缘子串上的巴×坠地。其他工作人员随即将其送往医院进行抢救，因伤势过重抢救无效，于××月××日 12 时 30 分死亡。

防范措施

（1）作业人员攀登杆塔、杆塔上转位及杆塔上作业时，手扶的构件应牢固，不准失去安全防护，并防止安全带从杆顶脱出或被锋利物损坏。（《国家电网公司电力安全工作规程（线路部分）》第 6.2.3 条）

（2）在杆塔上作业时，应使用有后备绳或速差自锁器的双控背带式安全带，当后保护绳超过 3m 时，应使用缓冲器。安全带和保护绳应分别挂在杆塔不同部位的牢固构件上。（《国家电网公司电力安全工作规程（线路部分）》6.2.4 条）

（3）高处作业人员在作业过程中，应随时检查安全带是否拴牢。高处作业人员在转移作业位置时不准失去安全带防护。（《国家电网公司电力安全工作规程（线路部分）》第 7.10 条）

（4）工作负责人、专责监护人应始终在工作现场，对工作班人员的安全进行认真监护，及时纠正不安全的行为。（《国家电网公司电力安全工作规程（线路部分）》第 2.5.1 条）

4.4 危险点 4：坠物伤人

事故案例

××月××日，××电业局送电工区线路二班根据工区安排，对 220kV××线 33 号铁塔进行弧垂调整工作，熊×从工具起吊点下方通过，正遇上传递绳结头滑脱，双钩从高处坠落，击中熊×头部，送医院途中死亡。

（1）杆塔作业应使用工具袋，较大的工具应固定在牢固的构件上，不准随便乱放。上下传递物件应用绳索拴牢传递，禁止上下抛掷。在杆塔上作业，工作点下方应按坠落半径设围栏或其他保护措施。杆塔上无法避免垂直交叉作业时，应做好防落物伤人的措施，作业时要相互照应，密切配合。（《国家电网公司电力安全工作规程（线路部分）》第 6.2.5 条）

（2）在进行高处作业时，除有关人员外，不准他人在工作地点的下面通行或逗留，工作地点下面应有围栏或装设其他保护装置，防止落物伤人。（《国家电网公司电力安全工作规程（线路部分）》第 7.13 条）

（3）工作负责人、专责监护人应始终在工作现场，对工作班人员的安全进行认真监护，及时纠正不安全的行为。（《国家电网公司电力安全工作规程（线路部分）》第 2.5.1 条）

5 管理与记录要求

（1）召开班前会、班后会。

（2）将停电调整后的导地线弧垂参数等台账录入 GPMS 系统。

（3）将班前会和班后会录音上传至 GPMS 系统，并做好登记。

（4）将本次作业过程记录录入到 GPMS 系统，做好缺陷流程的闭环，进行评估和终结作业流程。

6 作业案例

220kV 闽高Ⅰ路 70～73 号下相双分裂下子导线弧垂偏紧，造成连续 3 挡下相导线粘连，如图 1-2 所示。

6.1 作业前准备

（1）现场勘察。工作负责人接到弧垂调整任务后，应组织有关人员进行 220kV 闽高Ⅰ路 70～73 号现场勘察。应查看接受的任务是否与现场相符，了解作业现场的条件、环境、危险点及停电范围、保留的带电部位和重要交叉跨越。勘察完后填写现场勘察单。

（2）办理线路第一种工作票。工作票签发人签发线路第一种工作票，明确工作负责人、工作班成员、停电范围和保留的带电部位。

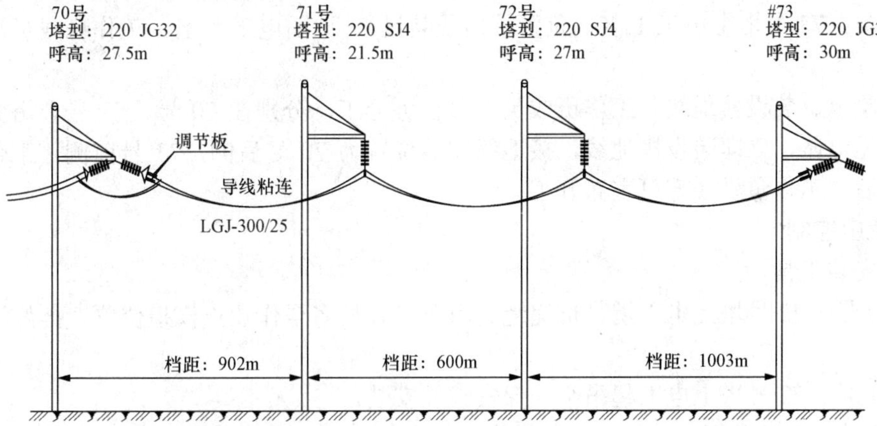

图 1-2 现场设备情况示意图

（3）编制安全质量控制卡。工作负责人根据作业项目编制班组作业安全质量控制卡，经部门专责及以上管理人员审批。

（4）工器具准备。工器具准备见表 1-1。

表 1-1 作业工器具准备表

序号	工具名称	规格型号	单位	数量	备 注
1	验电笔	220kV	把	2	
2	接地线	220kV	组	2	
3	绝缘手套		副	2	

表（续）

序号	工具名称	规格型号	单位	数量	备　注
4	个人保安线	5m	副	2	
5	铝合金硬梯	4.5m	副	3	带短绳
6	双钩	5t	副	3	
7	卡线器	LGJ－300	只	1	
8	U 形环	UL－7	只	1	
9	千斤		条	3	
10	滑车绳		套	4	放线滑车 2 个 长度满足现场使用
11	导线防脱后备保护绳		条	3	

（5）工作许可。工作负责人向调度值班员办理线路第一种工作票许可手续，工作负责人应在工作票上记录许可时间、许可人，并签名。

（6）召开班前会。工作负责人宣读工作票、交待工作任务、安全措施、注意事项，做好任务分工：70 号塔上电工 2 名（负责接地线装设、弧垂调整作业）、地面电工 2 名；71 号、72 号塔上电工各 1 名（负责直线塔悬垂线夹调整）、地面电工 2 名；71～72 号档中设 1 名弧垂观测人员；73 号塔上电工 1 名（负责接地线装设）、地面电工 1 名。工作班成员清楚后进行签字。

（7）验电、装设接地线。工作班成员按照任务分工，分别在 70 号、73 号登塔验电，验明线路确无电压，立即装设接地线，接地线安装位置为 70 号后侧，73 号前侧。工作接地线挂设完成后，工作负责人方可宣布开工。

6.2　作业中控制

（1）安装工具。

1）70 号～72 号塔上电工携带传递绳、滑车攀登杆塔至作业点横担位置，挂好滑车和传递绳。

2）71 号、72 号塔上电工起吊个人保安线并安装。

3）地面电工吊升铝合金硬梯，与塔上电工配合安装铝合金梯，一侧挂在导线上，一侧用绳索连接在杆塔横担上。

4）导线电工沿铝合金硬梯进入导线侧，70 号耐张塔的滑车、绳索从横担侧移至导线侧，71 号、72 号滑车挂点不变。

5）地面电工配合起吊双钩紧线器、千斤绳、卡线器、后备保护绳及放线滑车。70 号、71 号、72 号塔导线电工安装好紧线工具和后备保护绳。

（2）调整导线弧垂。

1）71 号、72 号塔上电工收紧双钩紧线器，转移悬垂线夹受力，拆除预绞丝护线条和悬垂线夹，放入个人工具包。

2）71 号、72 号塔上电工安装放线滑车，沿铝合金硬梯退到横担侧。

3）70 号导线电工收紧双钩紧线器，转移下子导线端部调节板受力，直至调节板松弛。

4）70 号导线电工调整调节板孔位，紧固螺栓，上好开口销。

5）70 号导线电工松掉承力工具。

6）71 号～72 号地面观测人员使用经纬仪（全站仪）观测档距中央导线弧垂，双分裂子导线间距是否满足要求 400mm，正偏差 100mm。若不符合弧垂偏差标准，则重新收紧双钩紧线器，继续调整调节板间距，直至满足弧垂质量标准。

7）71 号、72 号导线电工沿放线滑车与绝缘子串铅垂线在导线上划印，拆除放线滑车，吊至地面。以划印点为中心，安装预绞丝护线条和悬垂线夹。

（3）拆除工具。

1）70 号塔导线电工拆除紧线工具，吊至地面，将滑车绳索由导线侧移至横担侧，拆除铝合金梯，吊至地面。

2）71 号、72 号塔上电工拆除紧线工具、铝合金硬梯吊至地面。

3）71 号、72 号塔上电工拆除个人保安线并传至地面。

4）71 号、72 号塔上电工携带滑车、绳索下塔。

（4）拆除接地线。

1）70 号塔上电工拆除后侧三相接地线并吊至地面。

2）73 号塔上电工攀登杆塔，拆除前侧三相接地线并吊至地面。

3）70 号、73 号塔上电工携带滑车、绳索下塔。

（5）清理现场。工作负责人全面检查工作完成情况，清理现场工具，检查杆上有无遗留物，无误后撤离现场，做到工完、料尽、场地清。

（6）工作终结。工作负责人向调度值班员办理线路第一种工作票终结手续，工作负责人应在工作票上记录终结报告时间、许可人，并签名。

6.3 作业后小结

（1）召开班后会，总结、检查作业过程中存在的问题和经验，并提出改进措施。

（2）将本次作业指导书回录入到 GPMS 系统中，并进行评估。

（3）完成 GPMS 系统中缺陷处理流程。

（4）将班前会和班后会录音上传至录音系统，并做好登记。

思考与练习

1．导线弧垂观测档如何选择？

2．输电线路导地线尺寸允许偏差是多少？

3．如何落实防止感应电伤害措施？

第二部分 标准化作业文本

1 标准化作业指导书

架空线路停电调整导线或地线弧垂作业指导书

编写：__________ ______年______月_____日

审核：__________ ______年______月_____日

批准：__________ ______年______月_____日

工作负责人：

作业日期：　　年　　月　　日　　时至　　年　　月　　日　　时

××××公司

1 范围

本指导书适用于架空线路停电调整双分裂导线间隙、导地线弧垂作业。

2 引用文件

GB 50233—2005 《110～500kV 架空送电线路施工及验收规范》
DL/T 5092—1999 《110～500kV 架空送电线路设计技术规程》
Q/FMD-1.0018—2009 《35～220kV 架空送电线路检修规程》
国家电网安监〔2009〕664 号 《国家电网公司电力安全工作规程》（线路部分）
国家电网生（2006）935 号 《架空输电线路管理规范》
闽电生产〔2007〕567 号 《福建省电力有限公司架空输电线路管理规范实施细则》
国家电网科〔2008〕49 号 《国家电网公司输变电设备状态检修试验规程》
Q/GDW 174—2008 《架空输电线路状态检修导则》
Q/GDW 173—2008 《架空输电线路状态评价导则》
生输〔2008〕77 号 《福建省电力有限公司输电线路状态检修导则实施细则（试行）》
闽电生产〔2008〕723 号 《福建省电力有限公司输变电设备状态检修试验规程实施细则》
国家电网生〔2009〕190 号 《国家电网公司深入开展现场标准化作业工作指导意见》
闽电生产〔2011〕72 号 《福建省电力有限公司输变电设备检修现场标准化作业管理规定》
闽电安监〔2011〕190 号 《福建省电力有限公司防止人身事故六十条重点措施》

3 作业前准备

3.1 准备工作安排

√	序号	内 容	标 准	责任人	备 注
	1	现场勘察	查看现场作业需要停电的范围、保留的带电部位和作业现场的条件、环境及其他危险点等；草拟现场示意图，初步确定作业方式，并填写《现场勘察单》		
	2	查阅有关资料	了解有关图纸资料，接线方式，运行方式。了解各杆塔档距大小，导线型号		
	3	组织作业人员学习作业指导书	理解工作任务、作业方式、质量标准、危险点及安全措施		

3.2 人员要求

√	序号	内 容	责任人	备注
	1	作业人员应接受相应的安全生产教育和岗位技能培训，持送电线路专业上岗证书		
	2	作业人员经医师鉴定，无妨碍工作的病症；高处作业人员每年进行一次体检；学会紧急救护法，特别要学会触电急救		
	3	作业人员精神状态良好，着装整齐，个人工器具和劳保用品应齐全		
	4	工作负责人应穿红马甲，经《电业安全工作规程》考试合格，局安监部书面批准可以担任送电线路工作负责人的人员		

3.3 工器具准备

√	序号	工 具 名 称	规格型号	单位	数量	备 注
	1	验电笔	与检修线路设备电压等级相适应	把		
	2	接地线	与检修线路设备电压等级相适应	组		
	3	绝缘手套		副		
	4	个人保安线	5m	副		
	5	铝合金硬梯（带短绳）	4.5m	张		
	6	双钩	5t	副		
	7	卡线器	LGJ－240	只		
	8	U 形环	UL－7	只		
	9	千斤绳		条		
	10	滑车绳		套		放线滑车 2 个
	11	导线防脱后备保护绳		条		
	12	防水苫布		块		

3.4 危险点分析及预控措施

√	序号	危险点	预 控 措 施
	1	误登杆塔	同塔双回路架设或多回路平行走向的送电线路，其中一回线路停电检修时，作业人员上杆塔前，必须至少有两人共同确认停电线路的名称、左右线和杆塔号后，再在一人监护的条件下登杆塔作业。不得进入带电侧横担，并与带电体保持 35kV—1.0m、110kV—1.5m、220kV—3.0m 及以上安全距离
	2	触电伤害	1．工作负责人必须在得到工作许可人的工作许可命令后，方可指挥本班工作人员在停电工作线路上验电、接地（工作段两端和可能来电的 T 接点），而后进行线路检修作业。 2．送电线路的验电必须使用合格的、相应电压等级的专用验电器和接地线。在对线路进行验电前，必须先对验电器的声、光信号进行检查，不正常的验电器严禁使用。 3．线路经验明确无电压后，应立即装设接地线，工作接地线应全部列入工作票，工作负责人应确认所有工作接地线均已挂设完成方可宣布开工，接地线拆除后，严禁人员上塔作业。 4．装设接地线时，应先接接地端，后接导线端，接地线应接触良好、连接应可靠。拆接地线的顺序与此相反
	3	感应电伤害	1．工作地段如有邻近、平行、交叉跨越及同杆架设线路，为防止停电检修线路感应电压伤人，在需要接触或接近导线工作时，应挂接个人保安线，作业结束脱离导线后拆除。装设时，应先接接地端，后接导线端，且接触良好，连接可靠。 2．在 330kV 及以上电压等级的带电线路杆塔上作业，应采取穿着静电感应防护服、导电鞋等防静电感应措施。 3．用绝缘绳索传递大件金属物品（包括工具、材料等）时，杆塔或地面上作业人员应将金属物品接地后再接触，以防电击
	4	杆塔基础不牢引发坠落	送电线路检修作业人员在攀登杆塔之前，应对本杆塔的本体及其基础、拉线和脚钉（爬梯）的稳固情况进行检查。凡发现杆塔本体结构改变，杆塔基础（包括拉线基础）有塌方、下陷、冲刷、开挖等危及杆塔稳定的，杆塔拉线损坏或受力不平衡的，爬梯或脚钉损坏影响作业人员安全的情况等，作业人员不得上杆塔作业。但通过对杆塔拉线的调整、修复后恢复杆塔稳定的，爬梯或脚钉修复后不影响攀登杆塔人员安全的，作业人员可继续攀登杆塔进行线路检修作业

表（续）

√	序号	风险辨识内容	控制措施
	5	高处坠落	杆塔上作业人员必须使用双控安全带，且安全带应系在杆塔上牢固的构件上，并防止安全带被锋利的构件割伤。系安全带时，尚应注意正确搭扣、紧固并防止松脱
	6	高处落物伤人	杆塔上作业人员应使用工具包，注意防止工器具、材料掉落，工器具、材料上下杆塔应使用绳索传递，严禁直接从杆塔上扔下。使用绳索进行工器具、材料传递时，应注意规范系好、系牢被传递物品，避免其在传递过程中突然掉落。高空作业点下方和物品传递位下方不得有人员逗留。在使用人力（民工）进行起吊重物作业时，必须配有足够的人力，现场必须由有经验的师傅统一指挥，并有可靠的制止重物回落的有效措施
	7	设备缺陷造成伤害	作业人员进入金具、绝缘串时，必须首先对金具、绝缘子串的连接情况进行检查，若发现金具、绝缘子串的联结有异常或损坏，影响作业人员的安全时，作业人员应立即退出金具、绝缘串。通过对其进行修复后不影响作业人员安全的，以及确认其联结正常的，可继续进行检修作业
	8	工具故障	1．加强工器具保管、试验、使用全过程管理，根据现场荷载受力情况选用相应规格、型号的工器具，保证足够的安全系数。 2．工器具使用前应检查其外观是否良好，试验是否过期，发现有损伤或其他异常情况应停止使用，禁止冒险作业。 3．做好防止设备坠落、滑跑的后备保护，保护钢丝绳绑扎应牢固、有效，长度适中

3.5 作业分工

√	序号	作业内容	分组负责人	作业人员
	1	工作负责人（监护人）：正确安全地组织工作，检查工作票安全措施是否正确完备，是否符合现场实际条件，对工作班组成员进行危险点告知、交待安全措施和技术措施，对作业过程进行安全监护。全面督促正确规范执行现场标准化作业，并负责作业卡编制、回收、检查归档等工作		
	2	塔上电工、导线电工：安装、拆卸施工工具；高空调整双分裂导线弧垂		
	3	地面作业人员：调整施工工具；升、放施工工具、材料；协助监护现场作业人员的安全		
	4	辅助民工：搬运施工工具、材料；协助地面电工升、放施工工具、材料		

4 现场作业流程及技术要求

4.1 开工

√	序号	内容	责任人签名
	1	工作负责人办理线路第一种工作票	
	2	工作负责人经与调度联系，工作线路已转检修状态	
	3	1．全体工作班成员穿戴全套劳保用品列队。 2．工作负责人穿好红马甲打开录音笔，宣读工作票、交待工作任务、安全措施、注意事项。 3．工作班成员明确后进行签字	
	4	验电、装设工作接地线。工作负责人接到工作地段两端接地线均已挂好的通知后，宣布开工	

4.2 作业内容及标准

√	序号	作业内容	作业工序及标准	安全措施及注意事项	责任人签字
	1	作业准备	1. 工作负责人核对线路的名称和编号。 2. 工作班成员铺好防水苫布将工具摆放整齐进行外观检查，将紧线工具组装成待用状态。 3. 检查杆塔基础及拉线是否完好	1. 遇有冲刷、起土、上拔或导地线、拉线松动的杆塔，应先培土加固，打好临时拉线或支好架杆后，再进行登杆。 2. 登杆工具应在试验期限内，登杆前要对脚扣和安全带做冲击试验	
	2	安装工具	1. 杆上作业人员攀登至横担位置，在适当位置安装滑车、吊绳。 2. 地面电工吊升铝合金，与塔上电工配合安装铝合金梯。 3. 导线电工沿铝合金梯进入导线侧。 4. 直线塔上电工组装双钩、千斤绳，初步收紧受力。 5. 耐张塔上电工组装双钩、卡线器、千斤绳，初步收紧受力	1. 吊升工具应绑扎牢固。 2. 作业位置下方禁止人员逗留；全体作业人员均应戴好安全帽。 3. 检修员进入导线侧不得失去安全带的保护。 4. 铝合金梯绑扎后，只能单人进入，不得两人同时在铝合金上受力。使用前应检查是否有损伤、使用时应绑扎牢固	
	3	调整导线	1. 直线塔上电工收紧双钩，拆除悬垂线夹，移至放线滑车。 2. 耐张塔上电工收紧双钩，转移下导线端部调节板承力。 3. 根据导地线弧垂大小，调整调节板孔位，增加或减少线长。 4. 卸下承力工具，地面观测人员使用经纬仪测量导、地线弧垂是否符合要求，若不合要求按上述方法继续调整。 5. 导、地线弧垂观测合格后，直线塔上电工拆除放线滑车，安装悬垂线夹	1. 在相分裂导线上工作时，安全带应挂在同一根子导线上，后备保护绳应挂在整组相导线上。 2. 调整导线前，做好防止设备坠落、滑跑的后备保护，保护钢丝绳绑扎应牢固、有效，长度适中。 3. 用双钩收紧导线后，应先检查工具各连接部位是否牢靠，方可开始调整调节板。 4. 拆除的悬垂线夹等物品应放入个人工具包，不准随便乱放	
	4	拆除工具	1. 塔上电工拆除千斤、双钩、卡线器，并吊至地面。 2. 塔上电工在地面电工协助下把铝合金梯放至地面。 3. 导线电工拆除个人保安线并传至地面后下塔。 4. 塔上电工带滑车绳下塔	1. 下放工具时绑扎要牢固。 2. 塔上作业人员解开安全带前应先把要带下塔的工具整理好。 3. 解开安全带后应抓牢塔材下杆塔，不得进行其他作业	

4.3 竣工

√	序号	内　　容	负责人员签字
	1	工作负责人全面检查工作完成情况，清理现场工具，检查杆上有无遗留物，无误后拆除两侧接地线，撤离现场，做到人走场清	
	2	通知调度并终结工作票	
	3	开班后会总结当日工作，做好工作记录。将班前班后会录音上传	
	4	GPMS 系统相关记录录入，流程推进	

4.4 验收总结

序号	检　修　总　结		责任人签字（监护人）
1	验收评价		
2	存在问题及整改意见		

4.5 指导书执行情况评估

<table>
<tr><td rowspan="4">评估内容</td><td rowspan="2">符合性</td><td>优</td><td></td><td>可操作</td><td></td></tr>
<tr><td>良</td><td></td><td>不可操作项</td><td></td></tr>
<tr><td rowspan="2">可操作性</td><td>优</td><td></td><td>修改项</td><td></td></tr>
<tr><td>良</td><td></td><td>遗漏项</td><td></td></tr>
<tr><td>存在问题</td><td colspan="5"></td></tr>
<tr><td>改进意见</td><td colspan="5"></td></tr>
</table>

5 附录

2　安全质量控制卡

编号：××××

班组作业安全质量控制卡

作业名称：××kV××线××号至×号塔停电调整架空导线或地线弧垂

工作负责人编制：＿＿＿＿＿＿＿＿　审批：＿＿＿＿＿＿＿＿

作业性质：停电消缺　计划时间：＿年＿月＿日＿时＿分至＿年＿月＿日＿时＿分

1　作业前

1.1　内业准备

序号	类　别	规　格	单位	数量	确认
1．工器具					
1.1	个人工具	停电作业物品—个人工具	套	1	
1.2	标配工器具	标配工器具	套	1	
1.3	专用工器具	停电作业物品—专用工器具			
2．材料					
2.1	个人备品	停电作业物品—个人备品			
2.2	专用材料	停电作业物品—专用材料			
3．作业文件					
3.1	工作票编号				
3.2	现场勘察单	□已勘察　□无需勘察			
3.3	检修方案制定				
3.4	检修记录卡				
4．录音笔					
5．实际综合人日		技工		民工	

1.2　出工准备

序号	名　　称	确认
1	任务分工	
2	出工前检查作业人员着装、劳动防护用品和精神状态	

2 作业中

2.1 班前会

2.1.1 危险点分析及安全控制措施交底

序号	危险点分析	安全控制措施	确认
1	误登杆塔	1．设专人监护。 2．登塔前必须仔细核对线路双重命名、杆塔号，确认无误后方可上塔。 3．现场作业人员配戴停电检修线路的识别标志卡	
2	触电、感应电伤害	1．开工前必须办理线路第一种工作票。 2．采用合格验电器进行验电并在工作地段两端挂接地线，未接到工作负责人通知，不得上塔作业。 3．接地线拆除后，严禁所有人员上塔。 4．工作地段如有邻近、平行、交叉跨越及同杆架设线路，为防止停电检修线路感应电压伤人，在需要接触或接近导线工作时，应挂接个人保安线，作业结束脱离导线后拆除	
3	高空坠落	1．确认杆塔的本体及其基础、拉线和脚钉（爬梯）的稳固情况以及脚扣、爬梯等登高工具、设施是否完整可靠。手脚应抓稳踏牢。杆塔有防坠装置的，应使用防坠装置。 2．高空作业人员应正确使用背带式双控安全带，安全带和保护绳应分挂在杆塔不同部位的牢固构件上，并防止被锋利物损坏。攀登杆塔、杆塔上移位时，双手不得持带工具物品等，作业时不得失去安全防护	
4	坠物伤人	1．作业人员必须正确配戴安全帽。 2．使用工具袋，较大工具等应固定牢靠，传递物件应使用绳索，禁止抛掷。工作点下方禁止人员通行或逗留，避免垂直交叉作业，无法避免时，应做好防坠物措施。公路边作业，应装设围栏并设专人看护，防止行人进入作业现场。 3．杆塔上作业人员要防止掉东西，使用的工器具、小材料应装在工具袋里。 4．传递物品所用绳索应完好无断股、灯笼	
5	工具故障	1．准备工具时规格型号应匹配、性能良好、安全系数足够，并检查其外观是否良好，试验是否过期，发现有损伤或其他异常情况应停止使用，禁止冒险作业。加强工器具保管、试验、使用全过程管理，根据现场荷载受力情况选用相应规格、型号的工器具，保证足够的安全系数。 2．工器具使用前应检查其外观是否良好，试验是否过期，发现有损伤或其他异常情况应停止使用，禁止冒险作业。 3．做好防止设备坠落、滑跑的后备保护，保护钢丝绳绑扎应牢固、有效，长度适中	

2.1.2 安全措施确认

我已知晓上述工作内容、地点、计划时间、人员分工、危险因素及防范措施，精神状态良好。 确认签字：

2.2 作业工序

2.2.1 作业组关键工序安全质量控制

序号	关键工序	风险提醒	确认				
1	验电、挂接地线	1. 对线路逐相进行验电，验明线路确无电压后，即在线路上挂接地线。 2. 挂接地线时，先接接地端后接导线端，其接地端和导线端必须接触良好、可靠。 3. 接地线组件在杆塔上绑扎牢固，不得大幅摆动或掉落					
2	安装个人保安线	1. 为防止邻近带电线路感应电压伤人，在需要接触或接近导线工作时，应挂接个人保安线，作业结束脱离导线后拆除。 2. 装设时，应先接接地端，后接导线端，且接触良好，连接可靠					
3	安装工具	1. 吊升工具应绑扎牢固。 2. 高空作业人员正确使用双控安全带。 3. 作业位置正下方禁止人员逗留和通过。 4. 全体作业人员均应戴好安全帽。 5. 铝合金梯绑扎后，只能单人进入，不得两人同时在铝合金上受力。使用前应检查是否有损伤、使用时应绑扎牢固					
4	调整导线弧垂	1. 高空作业人员进入导线侧不得失去安全带的保护。在相分裂导线上工作时，安全带应挂在同一根子导线上，后备保护绳应挂在整组相导线上。 2. 调整导线前，做好防止设备坠落、滑跑的后备保护，保护钢丝绳绑扎应牢固、有效，长度适中。 3. 拆除的悬垂线夹等物品应放入个人工具包，不准随便乱放。 4. 用紧线器收紧导线后，应先检查工具各连接部位是否牢靠，方可开始调整调节板。 5. 地面人员使用经纬仪（全站仪）观测导线弧垂是否符合质量标准，若不合要求则继续收紧导线调整调节板，直至弧垂满足偏差要求					
5	拆除工具	1. 个人保安线由安装人员自行拆除。 2. 下放工具时绑扎要牢固。 3. 塔上作业人员解开安全带前应先把要带下塔的工具整理好，检查有无其他遗留物。 4. 解开安全带后应抓牢塔材下杆塔，不得进行其他作业					
6	拆除接地线	确认本班工作人员均已撤离杆塔后，指挥拆除本班所挂接的所有接地线，并全部记入工作票					

2.2.2 工作监护

<table>
<tr><td colspan="5">专人监护</td><td colspan="2">是□　　　　否□</td></tr>
<tr><td colspan="5">杆号</td><td>登杆人</td><td>监护人</td></tr>
<tr><td></td><td></td><td></td><td></td><td></td><td></td><td></td></tr>
<tr><td></td><td></td><td></td><td></td><td></td><td></td><td></td></tr>
<tr><td></td><td></td><td></td><td></td><td></td><td></td><td></td></tr>
<tr><td></td><td></td><td></td><td></td><td></td><td></td><td></td></tr>
</table>

备注：作业工序内容可按检修杆塔数量增加页数。

3 作业后

3.1 内业工作

序号	流　程	要　　求	确认
1	班后会	工作总结、评价及相应措施	
2	GPMS 流程推进	作业管理相关内容填写、上传完整，发现、处理缺陷记录	
3	录音上传	安全措施交待录音	
4	作业文件归档	工作票、检修报表检查并归档	

3.2 作业评价

评价情况：经检查，本控制卡：□ 合格 / □ 不合格，存在____问题，已向__________指出。

检查人：__________________

_____年____月____日

3 现场勘察单

××××电业局（供电公司）

电力线路工作现场勘察单

编号：××××

<table>
<tr><td>工作名称</td><td>××kV××线 ×号～×号下相导线弧垂调整</td><td>勘察单位</td><td>××××</td></tr>
<tr><td>工作范围</td><td colspan="3">×××kV××线×号～×号</td></tr>
<tr><td>工作主要内容</td><td colspan="3">×××kV××线×号～×号下相导线弧垂调整</td></tr>
<tr><td>现场勘察情况图示（工作范围及保留带电部分图示或地下缆沟管线等布置图）</td><td colspan="3">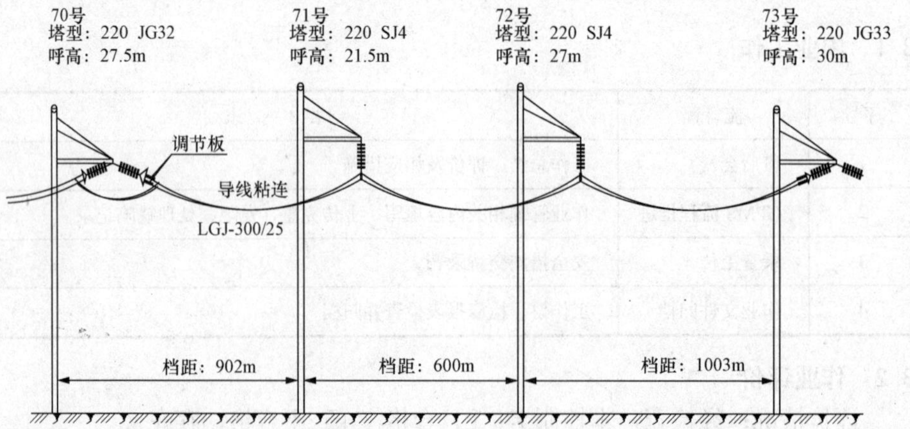
</td></tr>
<tr><td rowspan="7">现场勘察情况说明</td><td colspan="3">1．邻近、交叉或跨越带电设备距离：</td></tr>
<tr><td colspan="3">无</td></tr>
<tr><td colspan="3">2．工作地段周围环境</td></tr>
<tr><td colspan="3">路边</td></tr>
<tr><td colspan="3">3．地下管网布置情况</td></tr>
<tr><td colspan="3">无</td></tr>
<tr><td colspan="3">4．其他：无</td></tr>
<tr><td>现场工作安全要求</td><td colspan="3">×××kV××线×号后侧、×号前侧需挂接地线××。</td></tr>
<tr><td colspan="4">审核：×× 勘察人：××、×× 监理人：×× 勘察日期：××年××月×× 日</td></tr>
</table>

4 电力线路第一种工作票

×××电业局（供电公司）电力线路第一种工作票

单位：××××　　编号：××××

1．部门：××××　工作班组：××××　工作负责人：×××

2．工作班人员（不包括工作负责人）：×××、×××、×××、×××

共××人

3．工作线路名称（多回线路应注明双重称号）：×××kV××线

4．工作任务：

工作地点或地段（注明分、支路名称，线路的起止杆号）	工作内容
×××kV××线×号～×号	下相弧垂调整

5．计划工作时间：自××年×月×日×时×分至××年×月×日×时×分

6．安全措施（必要时可附页绘图说明）：

应转为检修状态的线路间隔名称	××变电站：220kV××线××间隔； ××变电站：220kV××线××间隔
应断开线路上的断路器、隔离开关、跌落式熔断器（名称和编号）	
线路上应挂的操作接地线（应写明线路电压等级、名称、杆号和具体挂设的部位	
配合停电的线路	
其他安全措施和注意事项	

保留或邻近的带电线路、设备：

工作班组应挂设的接地线：　　共有×组

线路电压等级、名称和杆号（注明方向）	接地线编号		执行人	
	高压	低压	装设	拆除
×××kV××线××号后侧	××号			
×××kV××线××号前侧	××号			

工作票签发人（施工单位）：______ ______年____月____日____时____分

工作票签发人（运行单位）：×××　××年××月××日××时××分

工作负责人：×××

7．确认本工作票1～6项。许可工作：

许可方式	许可工作的时间	许可人（含非本单位配合停电许可）	工作负责人
电话下达	××年××月××日××时××分	×××	×××
	年　月　日　时　分		
	年　月　日　时　分		

8．工作负责人现场补充安全措施（针对防止倒杆、高处坠落、物体打击等的现场安全措施）：

____

____

____

____

____

9．工作票延期，有效期延长到：______年___月___日____时____分

延期原因：______________________________

工作负责人签名：____________　值班调度员签名：____________

10．工作人员变动：

增添人员姓名	日	时	分	工作负责人签名	离去人员姓名	日	时	分	工作负责人签名

工作负责人变动：原工作负责人__________离去，变更__________为工作负责人。

变动时间：___年__月__日__时__分，并已通知工作许可人____。工作票签发人：____。

11．工作终结报告：

全部工作结束，工作班人员已全部撤离，现场已清理完毕，所挂接地线共_____组已经拆除。

终结报告的方式	终结报告的时间	许可人（含配合停电许可）	工作负责人
	年　月　日　时　分		
	年　月　日　时　分		
	年　月　日　时　分		

12．备注：

（1）指定专责监护人：____________负责监护（人员、地点及具体工作）：____________

（2）监督负责人：____________

（3）其他事项：____________

13．交任务、交安全措施确认：我对工作负责人布置的工作任务及安全措施已明白无误，所做安全措施已能确保我的工作安全。

工作班人员签名：____________

____

____

____

14．评价情况：

经检查本票为_______票，存在____________

____________问题，已向_______指出。

检查人：____________

_____年_____月_____日

思考与练习答案

1．答：（1）紧线段在 5 挡及以下时靠近中间选择一挡。

（2）紧线段在 6～12 挡时靠近两端各选一挡。

（3）紧线段在 12 挡以上时靠近两端及中间可选 3～4 挡。

（4）观测档宜选档距较大和悬挂点高差较小及接近代表档距的线档。

（5）弧垂观测档的数量可以根据现场条件适当增加，但不得减少。

2．答：（1）紧线弧垂在挂线后应随即在该观测档检查，导线或架空地线弧垂的允许偏差：110kV 线路为+5%，−2.5%；220kV 及以上线路为±2.5%；跨越通航河流的大跨越档弧垂的允许偏差不应大于±1%，其正偏差不应超过 1m。

（2）导线或架空地线各相间的弧垂应力求一致，当满足上述弧垂允许偏差标准时，各相间弧垂的相对偏差不应超过下列规定：110kV 线路为 200mm，220kV 及以上线路为 300mm；跨越通航河流的大跨越档弧垂的最大允许偏差为 500mm。

（3）相分裂导线同相子导线的弧垂应力求一致，在满足相间弧垂偏差标准时，不安装间隔棒的垂直双分裂导线，其同相子导线间的弧垂允许偏差为+100mm。

3．答：（1）在停电线路工作地段装接地线前，应先验电、验明线路确无电压。验电时，应使用相应电压等级、合格的接触式验电器。

（2）线路经验明确无电压后，应立即装设接地线，工作接地线应全部列入工作票，工作负责人应确认所有工作接地线均已挂设完成方可宣布开工，接地线拆除后，严禁人员上塔作业。

（3）装设接地线时，应先接接地端，后接导线端，接地线应接触良好、连接应可靠。拆接地线的顺序与此相反。

（4）工作地段如有邻近、平行、交叉跨越及同杆架设线路，为防止停电检修线路感应电压伤人，在需要接触或接近导线工作时，应挂接个人保安线，作业结束脱离导线后拆除。装设时，应先接接地端，后接导线端，且接触良好，连接可靠。

（5）在 330kV 及以上电压等级的带电线路杆塔上作业，应采取穿着静电感应防护服、导电鞋等防静电感应措施。

（6）用绝缘绳索传递大件金属物品（包括工具、材料等）时，杆塔或地面上作业人员应将金属物品接地后再接触，以防电击。